Norbert-Bertrand Barbe

De la question sociologique de la diffusion des *mass-media* comme élément coercitif des monopoles corporatifs et de la liberté d'expression comme but absolu de la société démocratique

"Sur le plus beau trône du monde, on n'est jamais assis que sur son cul!"
(Michel de Montaigne)

Nous avons étudié dans notre travail sur le *"Talent"* (dans *Questions d'esthétique générale*, 2010) la question de la diffusion du monde de l'art, en mettant en évidence les processus de réduction et de coercition, par les formes de parenté oligarchique, qui font que le monde de l'art reproduit les structures politiques et sociales plus générales.

Toutefois, le concept même de *"talent"* nous renvoie à l'"*illusion de liberté*" qu'a, pour sa part, étudiée McLuhan dans les mass-media. En effet, il suppose (ce que les films sur les figures célèbres cherchent toujours à reproduire, nous pensons par exemple à *Ray*, 2004, de Taylor Hackford, c'est sans doute la même illusion qui fait que l'on aime les figures d'artistes maudits, vrais ou faux, tels Vincent Van Gogh ou *Calvet*, 2011, de Dominic Allan, comme paradigme du problème de ce que Sartre dans *Qu'est-ce que la littérature?* appelait la rencontre entre l'auteur et son public) que le génie est une évidence pour les autres et qu'il provient d'une rencontre, soit mystique (comme le voulait Kierkegaard dans son essai: *En quoi l'homme de génie diffère-t-il de l'apôtre?* première traduction en français de cet auteur en 1886), soit laborieuse avec soi-même (ce sur quoi coincident un certain nombre d'auteurs: comme Michel-Ange: "*Si les gens savaient à quel point j'ai travaillé pour développer ce talent, il ne s'étonneraient plus.*", Longfellow: "*Les sommets vaincus par les grands hommes ne furent pas atteints d'un vol instantané; mais pendant que leurs compagnons dormaient, ils montaient en peinant dans la nuit.*", Thomas Edison: "*Le génie est fait d'un pour cent d'inspiration et de quatre-vingt-dix-neuf pour cent de transpiration*", Vidal Sassoon: "*La seule place où le succès vient avant le travail c'est dans le dictionnaire.*", Alice Parizeau: "*Beaucoup de gens ont du talent, seul le travail permet de faire carrière.*").

De la question de la diffusion médiatique dépend aussi, on le voit dans les pays auto-proclamés du Socialisme du XXIème siècle (en particulier au Venezuela, en Équateur et au Nicaragua), ainsi que, paradoxalement (pour la différence politique radicale) dans la France de Sarkozy, à la fois, parce que le disent les gouvernements de ces pays, des décisions des dirigeants des journaux, et, parce que le disent à leur tour ceux-ci, et que l'ont noté les organismes de droits de l'homme, de la liberté d'expression chaque fois plus niée par ces États d'orientation nettement dictatoriale.

Concrétement, au Nicaragua, où, historiquement, les journaux imprimés sont de la famille Chamorro, qui a eu plusieurs présidents à son actif dans la vie nationale (voir notre travail sur le *"Talent"*), le gouvernement orteguiste a dénominé, à partir du fraude des élections municipales de 2008, les informations publiées par cette puissante famille: *"oligarchie de la Route du Nord"* (*"Oligarquía de Carretera Norte"*), référence topographique au lieu du siège social de ces journaux. En 2012, suivant l'exemple des principes chavistes d'analyse critique systématique des discours d'opposition, le même gouvernement orteguiste a marqué idéologiquement, par le porte-parole du Conseil Suprême Électoral, le concept, mcluhanien, d'"*information non contaminée*" pour définir, par opposition, entre les informations données par cet organe du pouvoir d'État, au service de la famille présidentielle, et leur interprétation par les journalistes d'opposition, en particulier un article d'une extension internet appelé: Confidencial Digital. Ce qu'un rapport intitulé: *"El Caso de Nicaragua -Los Medios y el Periodismo ante el desafío digital"*, publié en ligne par Confidencial, de la ONG sise à Managua Centro de Investigación de la Comunicación (CINCO) de février 2012 définit comme un projet gouvernemental de la non explicitement citée, mais par tous reconnaissable, Rosario Murillo (Première Dame) également auto-proclamée Coordinatrice du Conseil de Communication présidentiel (p. 92) pour quitter l'information aux media non officiels et pour faire contrepoids à leur interprétation de l'information.

Parallèlement, le président équatorien Rafael Correa a intenté (et, évidemment, gagné) plusieurs procès contre les media pour diffamation, leur imposant des sommes astronomiques à payer (ce qui, sans pousser très loin la lecture de ces condamnations vise à briser financièrement les journaux d'opposition).

Une série de questions se pose alors:

Est-ce faux que les journaux interprètent l'information à leur manière, c'est-à-dire dans un sens partiel? Certainement non, car, non seulement entre ici en ligne de compte l'interprétation et la compréhension subjective des journalistes, mais aussi les intérêts, politiques et financiers, de leurs dirigeants, et des *lobbies* qui les appuient.

Y a-t'il une liberté réelle de la presse? Certainement, là non plus, non: la presse fonctionne aux ordres des *lobbies* qui la paient, mais aussi des gouvernements qui imposent, par les services secrets, qui sont là pour cela même, ou par les coactions de tous types, les lignes éditoriales: cas concrets, pour éclairer notre opinion et qu'elle ne reste pas comme une simple théorie du complot, sont: les nuages radioactifs qui, selon la presse française, après Tchernobyl, ne passèrent pas les frontières de notre pays; le silence complet sur la fille naturelle de François Mitterand durant les années de celui-ci au pouvoir; la déclaration unanime de l'existence d'armes massives en Irak par les journaux des États-Unis du temps de Bush fils.

Le monopole de la presse implique-t'il une information partielle et limitée? Il est évident, et cela a été plusieurs fois commentée, nous citions l'exemple de Chamorro au Nicaragua, mais cela est aussi vrai en France (McLuhan, étudiant l'"*illusion de liberté*" des mass-media par leur diversité apparente, avait déjà noté ce fait aux États.Unis, dès les années 1970) du fait que les grandes maisons d'éditions (qui ne sont qu'une petite dizaine, par opposition aux centaines de petites maisons d'édition sans pouvoir éditorial réel) phagocytent le système de diffusion du livre, et qu'en outre, depuis plusieurs années, elles sont devenues, bien qu'en conservant leurs noms respectifs, un seul *trust*, malgré les lois nationales et européennes contre les monopoles corporatifs (le même principe qui fait que l'entreprise d'État EDF paie des impôts symboliques dans le paradis fiscal belge de 1000 Euros annuels), il est évident, disions-nous, qu'une seule voix, même sous des déguisements variés, bien qu'elle puisse, à première vue, être différente, reste, sur le fond, toujours identique à elle-même.

Ces points de coercition et coaction entre les journaux, le pouvoir et la finance, donnent-ils le droit aux gouvernements d'attaquer les journaux d'opposition (le concept d'"*indépendants*" qu'ils s'attribuent, comme on vient de le voir, n'est que tout relatif, puisque, si bien ils peuvent être indépendants, voire franchement contraires au pouvoir du moment, ils restent esclaves sous le joug de leurs propres maîtres - il ne s'agit donc pas d'une indépendance absolue, sinon exclusive contre un pouvoir concret -)? Évidemment, non: tout d'abord, comme nous l'avons rappelé, parce que, *como si esto fuera poco*, souvent ces journaux obéissent au pouvoir, directement ou indirectement, partiellement en tous cas. Il est donc illogique, insensé, et démoniaque de poignardé ses propres serviteurs, pour une désobéissance partielle et momentanée (ou, pour mieux dire, pour connaître un peu de libre pensée, c'est Harpagon face à Maître Jacques).

Mais supposons que l'opposition soit absolue et totale, ce qui arrive parfois. Pour éviter de nous poser dans une perspective morale *a priori*, posons-nous une seconde question, subsidiaire si l'on veut: Que provoquerait la fermeture ou le châtiement de tout journal d'opposition? Certainement, pour le gouvernement un bien absolu. Pour le peuple, un mal absolu par équivalence aussi. C'est-à-dire là où ne s'impose plus que la voix unique du pouvoir, existera, par conséquence, comme dans l'URSS stalinienne et postérieure ou dans les âges sombres de l'humanité, que la dictature. À l'inverse, si coexistent toutes les voix, il n'y aura jamais d'inquisition ni de shoa. Si une seule voix émerge et s'impose: on l'a vu du cristianisme, on le voit des dictatures, c'est le moment où s'opèrent les plus basses actions humaines, où celui qui pense de manière différente devient suspect, et par conséquent punissable.

La dernière question qui nous vient, consécutive aux antérieures, et en relation directe, cette fois, non plus avec la brutale et imbécile persécution de la presse faite par des gouvernements de copie comme le sont ceux du Nicaragua et de l'Équateur, sinon par la subtile mise en place d'un discours permanent du pouvoir pour dialectiser toute forme de contre-discours ou d'opposition, comme l'a habilement instauré Hugo Chávez au Venezuela, suivant un peu en cela l'exemple castriste, est de savoir si le pouvoir en place a le droit et le devoir de répondre toujours, point par point, à chacun des messages de l'opposition (assumant que celle-ci, comme la présente le chavisme, même si dans le cas particulier cela a un fond de vérité, soit uniforme et unique, non polymorphe et révélant différents points de vue)?

Pour cela, il est curieux qu'Enrique Dussel, dont la célébrité ne devrait plus l'obliger à ce genre de soumission que connaît l'intellectuel sans ressources, ait participé avec son essai: *Política de la liberación. Volumen II, Arquitectónica* à la comédie du à notre connaissance premier, et à ce jour unique, Prix à la Pensée Critique 2009, qu'il gagna, prix promu par le propre Chávez pour orienter l'idéologie collective, et essai dans lequel le philosophe mexico-argentin oppose le dirigeant de droite, qui dirigerait, selon lui, d'en haut, à celui de gauche - évidemment, Chávez -, qui dirige horizontalement, l'exemple et le sous-entendu sont curieux, sachant le poids de Chávez en tout (il est même chanteur), et son intérêt pour que seul son raisonnement soit établi comme mesure et orientation de celui des autres.

Les moyens de Chávez pour orienter la pensée de tous sont les innombrables programmes qu'il a sur la chaîne nationale d'État, à similitude de la Police de la Pensée d'Orwell dans *1984*, et comme il le favorisa postérieurement au Nicaragua, toujours avec l'argent exclusif du pétrole venezuelien, pour l'actuelle famille présidentielle, en leur faisant acheter la plupart des chaînes de télévision nationales (en particulier les: 2, 4, 6, 8, 13, 14).

Chávez a son propre programme dominical: *Aló, Presidente*, aussi vieux que son arrivée au pouvoir (en 2012, le programme fêta ses 13 ans). L'ensemble des programmes de VTV (la chaîne nationale) sont de critique politique, avec montages télévisuelles pour se moquer (littéralement) des membres de l'opposition, mais aussi pour les accuser publiquement (nombreux sont ceux qui ont été accusés légalement, et soit sont actuellement en prison, soit ont dû fuir du pays).

Le programme télévisuel (et originellement radiophonique) de Chávez trouve son inspiration dans la présence immanente permanente des écrits de Fidel Castro dans le journal officiel du Parti cubain: *Granma*.

Les autres programmes de la chaîne (*Cayendo y Corriendo, Contragolpe, Dando y Dando, Debate socialista, Dossier, Kiosco Veraz, La Hojilla, ReDvolución, Zurda Konducta*), comme l'indiquent bien leurs titres (qui renvoient à l'offensive, au socialisme et la révolution, ainsi qu'à la question journalistique comme élément descriptif d'analyse permanente), sont tous orientés à l'appui du message chaviste, justifié souvent par une posture intellectualiste des présentateurs, comme Miguel Ángel Pérez Pirela, présentateur de *Cayendo y Corriendo*, qui s'auto-définit (dans son blog: http://perezpirela.blogspot.com/) comme philosophe politique, écrivain, analyste international (quoique ce soit que cela puisse vouloir dire), essayiste et journaliste, Docteur en philosophie politique et titulaire d'un post-doctorat:

"Filósofo político, escritor, analista internacional, ensayista y articulista. Ha realizado estudios de Postdoctorado en Filosofía del Renacimiento por la Universidad Sorbona, Doctorado en Filosofía política contemporánea por la Universidad Gregoriana de Roma, Especializaciones y maestrías en estudios políticos e internacionales por la Scuola Internazionale de Cooperazione e Sviluppo (Roma) y la Universidad Sorbona, Licenciaturas en Filosofía y Letras por la Universidad Roma III y Universidad Gregoriana de Roma. Autor de la novela "Pueblo" (Monte Ávila Editores-IDEA, 2010) y de las obras "Del Estado Posible" (Monte Ávila Editores-IDEA, 2008), "Perfil de la discusión filosófica política contemporánea" (Gregorian University Press, 2005) y "La apuesta de los dioses" (Edizioni Associate, 2000). Actualmente es Director del Área de sociopolítica y cultura

del Instituto de Estudios Avanzados www.IDEA.gob.ve Es Editor Jefe de la publicación académica Revista de Estudios Transdisciplinarios (RET). Dirige el Programa televisivo cotidiano "Cayendo y Corriendo" en Venezolana de Televisión (VTV) y el programa radial "Táctica y estrategia" en Radio Nacional de Venezuela (RNV)."

De fait, Pérez Pirela insiste souvent dans son programme sur la différence entre le niveau d'éducation, selon lui, des opposants et des candidats de l'opposition, et celui des chavistes, se posant soi-même de manière fréquente comme un poids et une mesure de *l'intelligentsia* officialiste. Il a, notamment, fait de cette technique le fer de lance de ses émissions durant la période électorale présidentielle de 2012.

C'est le même discours que celui du propre Chávez: ainsi, durant la campagne présidentielle de 2012, il s'est toujours refuser à débattre avec les représentants de l'opposition, pour deux raison: la secondaire, qu'aucun n'avait d'importance réelle si ce n'était Henrique Capriles Radonski; la principale, que celui-ci, selon Chávez, n'avait ni les mérites ni le talent d'autres dirigeants antérieurs de l'opposition, et que Capriles n'était donc pas à sa hauteur.

L'ensemble des programmes de VTV et des membres du gouvernement firent écho à ce mépris total pour l'opposition, en particulier pour Capriles, d'une part regrettant abondamment que l'opposition n'ait pas eu l'intelligence de choisir un meilleur candidat (rappelons que Capriles fut élu par votation unanime comme candidat le 12 février 2012, du 62,54% de la Mesa de la Unidad Democrática qui regroupait les principaux partis d'opposition), d'autre part s'ingéniant, dans les dernières semaines avant les élections, à accuser de corruption financières les figures les plus proches de Capriles dans la bataille présidentielle, obligeant d'ailleurs la démission de Juan Carlos Caldera, pré-candidat (les élections présidentielles au Venezuela et au Nicaragua servent aussi pour élire les Députés à l'Assemblée) pour la Municipalité Sucre (second état le plus important démographiquement du Venezuela, après le District Métropolitain de Caracas). Dans ce même temps, Capriles fut accusé d'homosexualité et de comportement impropre sur la voie publique.

Aussi bien *Cayendo y Corriendo* comme *La Hojilla* présentèrent vidéos où, selon eux, se voyait clairement que lors des manifestations de Capriles dans les différentes villes du pays, il n'y avait personne, vidéos dont l'un présentait, soi-disant, la réception contre Capriles et pour

Chávez des habitants d'une des villes visitées par le candidat d'opposition.

Cayendo y Corriendo se spécialisa dans la reproduction de statistiques électorales dans lesquelles apparaissait une forte préférence pour Chávez, correspondant, exactement en terme de chiffres, à la satisfaction pour sa gestion dans la période qui se terminait. Raison pour laquelle Pérez Pirela et les autres présentateurs de la chaîne, passant outre la Méthode Condorcet, étaient sûrs d'avance que la victoire ne pouvait que revenir à Chávez, lequel, pour plus de sûreté, fit néanmoins descendre l'armée dans la rue durant tout le temps des élections, selon lui pour éviter des émeutes.

De la même façon, VTV, et Chávez dans ses interventions, rappelaient qu'ils n'accepteraient pas d'autre résultat que la victoire de Chávez (prouvée, par anticipation, dans les statistiques d'intention de votes), et que l'opposition voulait mettre en péril la stabilité nationale lorsqu'elle s'aventurait à parler de possible fraude.

Comme lors des élections municipales de 2008 et présidentielles de 2011 au Nicaragua, qui paraissent aujourd'hui, par contrecoup, avoir servi de champ d'essai à l'élection présidentielle du Venezuela de 2012, Chávez refusa l'observation internationale, et les termes mêmes d'observation et d'observateur fut remplacé par celui d'accompagnement et d'accompagnant.

Le Conseil Suprême Électoral du Venezuela, chaviste comme est orteguiste le CSE au Nicaragua, fit plusieurs scandales contre Capriles, suite à des dénonciations télévisuelles de Chávez lors de ses apparitions sur VTV, d'abord parce que le candidat d'opposition utilisait les couleurs des casquettes aux couleurs du drapeau, alors que leur usage était interdit par la loi électorale (cependant Chávez, durant les périodes électorales comme hors de celles-ci, aime apparaître avec un blouson aux couleurs du drapeau), ensuite parce que, alors que l'opposition se plaignait du temps (comme toujours) des interventions de Chávez, et des interminables programmes de VTV récapitulant les réussites du gouvernement sortant, Chávez répondit accusant sont opposant de passer trop de temps à la télévision.

Contre les accusations portées à ses temps d'antenne, Chávez opposa sa fonction de candidat à celle de président, considérant que, comme président, il était de son devoir de passer à l'antenne pour inaugurer les industries ou assister aux activités de graduation des étudiants civiles et militaires. Il va sans dire que, durant ses interventions, allaient toujours quelques piques contre Capriles, et de nombreuses explications de l'importance du socialisme pour le pays.

C'est durant cette période de *"silence électoral"* que Chávez assista à une activité militaire, dans laquelle les principaux généraux firent chacun un discours sur leur fidélité au socialisme chaviste.

Il est bon de rappeler que le système électoral chaviste est de comptabilité internet, il n'y a donc plus de vérification possible (c'est-à-dire de trace papier, laquelle a permis, bien que sans succès du point de vue de la révision des votes, aux partis d'opposition nicaraguayens de pouvoir démontrer le fraude en 2008, et partie en 2011) entre l'ordinateur de départ où le votant marque la case qui l'intéresse et l'ordinateur d'arrivée, où sont comptés les votes.

Il faut donc noter que le système totalitaire dans lequel se débat le discours politique venezuelien, comme sa copie nicaraguayenne, part du principe d'une vérité absolue, détenue par le gouvernant. Principe d'où découle, par conséquent, la peur de la mauvaise interprétation, de l'erreur d'analyse, et les nécessaires mesures pour y pallier: la contre-analyse constante du discours d'opposition, considéré comme pernitieux, et anti-patriotique (d'où les épithètes communs dans la bouche de Chávez et de ses fidèles et partisans d'"*apatrides*" et d'"*escuálidos*", référence vampiresque [littéralement le maigre, le carent de vie, mais aussi, en même temps le squale: "*escualo*"], pour désigner les opposants au régime en place).

Se justifient alors deux formes de persécution: d'un côté, le procès et la prison (comme on a poursuivi Al Capone pour fraude aux impôts, on peut poursuivre les opposants pour quelque motif que ce soit, du moment qu'on les arrête, symboliquement et littéralement, pour les empêcher de nuire); de l'autre, la réduction de la liberté collective, au profit (comme au Nicaragua, où, depuis 2008, toute manifestation de rue de l'opposition ou de la société civile contre le fraude, provoque systématique une autre, toujours décidée postérieurement mais autorisée par la police, d'État, manifestation parallèle mais passant par les mêmes rues, promouvant l'égalité et les droits des minorités, des femmes, des jeunes ou des homosexuels, la paix et l'amour, etc.) d'une permanence des partisans du parti de gouvernement dans les rues, sorte de guerrilla urbaine non dite, qui permet au pouvoir en place de démontrer (à grand renfort de fonctionnaires et d'étudiants emmenés là par bus loués pour l'événement, technique utilisée aussi bien par Chávez que par son homologue nicaraguayen, et reprise de Castro) l'amour authentique qu'a le peuple pour lui (les pays semblant alors pleins de personnes sans emploi, dont le but unique dans la vie est d'assister aux longs monologues de leur chef).

Au fond, le problème technique et théorique de cette réutilisation idéologique (ou idéologisée) des démonstrations libertaires d'un McLuhan ou d'un Chomsky, est que (et ains le montre-t'elle) que tout signifié, tout discours peut être perverti.

Ainsi, le discours officiel orteguiste nous parle d'"*amour*" (concept promu par la Première Dame, Murillo, chef de la propagande orteguiste depuis la réélection de son mari en 2006 après 16 ans, qui veut désespérément être reconnue comme une version centraméricaine d'Evita Perón, dont le discours politique se limitait à peu près à cela), ainsi que du "*bonheur de vivre en paix*" ("*La alegría de vivir en paz*"). Le concept d'amour est compliqué, puisque c'est le même qu'utilisaient les inquisiteurs pour sauver l'âme des indigènes: en les brûler: c'est ainsi aussi pour le bien du "*peuple*" (considéré, comme la "*société civile*" hegelienne des sociétés de droite, comme un tout, non comme un amoncellement hétérogène de diversités, ce que pourtant a bien montré Bourdieu dans ses travaux), que s'opèrent (et se sont opérées de 2008 à 2011) les manifestations pour la paix et l'amour au prochain (*sic*), durant lesquelles des jeunes gens aux visages camouflés et porteurs de mortiers, disaient leur intérêt pour la compréhension mutuelle entre nicaraguayens et l'importance de les laisser s'exprimer, pour être dans un pays libre. Les mortiers étaient, selon les journaux d'État et le gouvernement, la démonstration de leur sentiment, on ne pouvait donc pas les leur retirer.

Quant au concept de vivre en paix, qui est apparu sur toutes las affiches du président depuis le processus électoral de 2011, il est de double tranchant, puisqu'il s'agit d'un président qui, comme Chávez, se proclame plus militaire que civil (il est d'ailleurs, destin commun à toute la bande, "*Commandant*", comme Chávez ou Castro), et vit sur l'image qu'il s'est contruit durant les années 1980 de gouvernant de guerre. Dit d'une autre manière, on peut facilement lire, comme un sous-texte implicite mais bien présent, le bonheur de la paix actuelle comme un avertissement contre la guerre possible. De fait, c'est l'un de ses représentants, le Procureur Général de la République Hernán Estrada qui l'a le mieux exprimé, en 2008, lors des troubles provoqués par le fraude électoral des municipales, lorsque, visitant, sur ce sujet, le Centre Nicaraguayen des Droits de l'Homme (Cenidh), il exprimait sans ambage:

"Si el comandante Daniel Ortega dispusiera llamar a las calles (a sus seguidores) no quedaría piedra sobre piedra sobre este país y sobre ninguna emisora y sobre ningún medio de comunicación que lo adversa. Gracias a Dios no lo ha hecho."

Ce que, bien évidemment, les journaux d'opposition ne manquèrent pas d'interpréter comme une menace dans le sens que nous venons d'indiquer.

Tout aussi suspectes sont les annonces du parti au pouvoir se définissant comme: *"socialista, solidario y cristiano"* (lorsqu'on sait, en outre, que dans les années 1980 il se déclarait athée, et que depuis 2006 il n'a cessé d'avoir des disputes avec les autorités religieuses catholiques), séquence et légende qui apparaissent sur tous les en-têtes des ministères et organismes d'État depuis 2008, comme également la confusion entre le parti et l'État a provoqué l'association, voire le remplacement, du drapeau sandiniste au national, non seulement dans les actes officiels, mais aussi dans les mairies et là encore, les ministères.

Il nous semble donc que le fait est clair: lorsque la voix du plus puissant, qui dispose de tous les organismes d'État (par conséquent, sa position sera toujours injuste par rapport aux autres), se fait entendre par-dessus les autres, el devient l'unique, et, au lieu de libérer, tend à emprisonner.

Un problème connexe, et qui, sans doute, provoque celui-ci, est la réalité absolue de la société humaine, que ce soit dans ses macro-structures ou dans ses processus de diffusion, qui sont, en général, basés sur le pouvoir et les intérrêts corporatifs (on le voit sur internet, un site créé n'est pas obligatoirement visité, car encore faut-il que les moteurs de recherche, qui fonctionnent toujours en coaction avec des sites très spécifiques, permettent l'accès direct à l'information du site personnel sur le même sujet, lequel est toujours relégué en bout de file). Le parfait modèle de cela est le système nord-américain, et ce n'est donc pas un hasard si ce sont les États-Unis qui ont produit les deux plus grands théoriciens du problème (McLuhan et Chomsky).

33